Dil Ki Gudgudiyaan, Words from Heart...

Ritika Guha

BookLeaf Publishing

India | USA | UK

Presentation by *BookLeaf Publishing*

Web: www.bookleafpub.com

E-mail: info@bookleafpub.com

ISBN: 9789360941673

First edition 2024

DEDICATION

I dedicate this book to-

My Parents, Mr Subodh Kumar Guha, and Mrs. Shreela Guha,

My invisible strength Sujoy Basu Roy and Kumarika Basu Roy—my Gautam Dada and Boudi,

My most special friend Rupal and her better-half Anand and my little nephew Anuraj,

My cousins,

and

Finally the best 'Cohort'—my Batchmates from 3TP: Senior Leaders Programme 2024 of IIM Ahmcdabad, who gave me the reason to laugh, enjoy life to the fullest after a long time…

Thank you guys, for always being with me and loving and accepting me as I am.

ACKNOWLEDGEMENT

A big thank you to all my friends and colleagues
who believed in me and shared their experiences
of life, which helped in understanding people
and their emotions better and also supported my
passion wholeheartedly; and last but not the least
thanks "MAA" for being my constant support
through thick and thin.

As I always say, life has been my best teacher,
so thanks Almighty for giving me the power and
empathy to understand people and situations.

PREFACE

When a dreamer and poet suddenly felt, due to the hustle bustle of life, she is missing the most important part of her life i.e. writing and thus, the next few pages come as the journey of some tingles or questions that her heart asked in the good and bad times she saw in the last few years.

1.Na Jane Kyun?

In this regular juggling of life, we sometimes take a break to think why we are running and the loop is sometimes never-ending as we discuss, we debate and then again go back, but is it really worth it or is adaptation worth it? My little take on it...

Na Jane kyun hum sab bhaag rahe hai?
Zindagi se nahi, waqt se nahi,
Haan bas is shor sharabe se?
Na jaane kab jhingur ki awaz mithi lagne lagi ringtone se,
Aur na jaane kab jugnu ache lagne lage nightlife se?

Ek ajib ittefaq hai na?
Jahaan zindagi main almost sab paane ke baad
bhi,
Ek reverse simple life ki theory insta pe scroll
karte hai,
Kitne hi complex official decisions lete lete...

Kya hum khush hai ya nahi,
Ispe discuss karte karte,
Na jaane kitni shaame beet gayi,
without any conclusion,
And all those conversations ended with some
frustrations landing ourselves into another
heated discussion...

In sab confusion, discussion ko jab,
Ek saath dekhne ka nazariya soche,
Tab shayad samjhenge actual confusion,
Jo shayad na hai simple life theory,
Na hai frustration,
Bas shayad hai ek simple clarification
Jahan at times hai mental break ek necessity
and small break-up from any screen time hai ek
good decision,
kyunki;
Going to that old tech free life may not be a
judicious decision,
as we all now have become to some extent
gadget dependent...

2.Apna

In this busy world, we have finally come to a phase where we find a companion as with ups and downs we understand the importance of a friend or Saathi...

Kayi baar,
Zindagi ki daud main,
Sab paake bhi,
Kuch dhundhte hai hum,
Shayad wo umra ka takaza hai,
Ya kisi apne ko paane ki chaah...
Ajeeb ittefaq hai na?
Jahan ek mod main,
Akele rehna ka alag junoon hota hai,
Wahi, ek pal achanak hum,

"Ek Saathi" dhundhna chahte hai,
Zindagi ke pal baant ne ke liye...
Sach hai, shayad,
Hum kayi baar "Aasra" dhundte hai,
Sirf rone ke liye nahi,
Baat karne ke liye,
Zindagi ki wo choti moti hansi khushi baant ne
ke liye,
Aur kisi ko "APNA" kehne ke liye…

3.!!!Guftagu!!!

As a wise human, it's always important to talk to
an important person, and thus, comes the
next few lines.

Kuch guftagu karte hai,
Zaruri nahi ki wo pyaar mohabbat ki baat ho,
Bas aaj pooch lo ki tum kaise ho??
Bina alfazon ke apne aap se jawab dhoondh lo,
Aur thoda sa muskura lo…

Man ko kyaa acha lagta hai,
Ye sochna to kab ka chor diya hai,
Zindagi aise jeene hai, Waise jeeni hai,
Is bhed chaal main,
Naa jane man ko kitni baar ansuna kar diya hai,
Aur in sab ke beech bina soche humne jeena
chor diya hai…

4.Tum Saath Ho

Just having someone with you, as a support makes life special so here come the special following lines.

Zindagi kuch khushnuma hai,
Kyunki tum saath ho,
Zindagi aaj abaad hai,
Kyunki tum saath ho,
Hum to chal rahe hai
Zindagi ki pathrili raaho mein,
Kyunki tum saath ho..

Haan tum saath ho,

To aaj faisle zindagi,
Ke lene thode asaan hai,
Akelepan main bhi,
Shayad tumhara ek saath hai,
Jo shayad mujhe aas dikhaye,
Kal ke sundar pal ki,
Haan tum saath ho to,
Zindagi kuch haseen hai,
Aur hothon pe humesha,
Ek muskaan hai...

5.Sajhedari

At one point of life, we understand why partnership is important as life puts us daily in some type of exam where we need to juggle between relations and life...

Ek ajib umr ke daraz pe hai,
Jahan bata to diya hai,
kuch kirdar nibhane hai,
Par kisi ne ye nahi bataya zindagi ke mod pe rahegi kaisi kaisi zimmedari?

Ek aur jahan,
zindagi main wo manchahi unchai paane ki hod main bhag rahe hai,

Wahi piche hai wo kuch badhti umro ki
zimmedari.

Sochne se na jaane kyun hoti hai ghabrahat,
Kyunki zindagi har roz ek naya paath padha rahi
hai,
Aur kayi baar use samjhte samjhte hum apnate
hai tanhai…

Jab kabhi bhagte,
kabhi sambhalte,
rishton ke in uthal puthal main humne akhir
seekhli duniyadari,
Tab shayad na chahte hue bhi,
Humne seekh li sajhedari…

6.Sometimes Kabhi Kabhi...

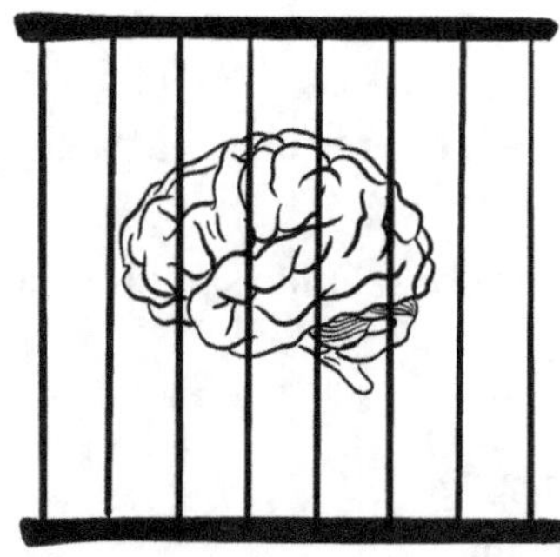

We all are in a rat race, we hear others regularly but at times just let's listen to ourselves and thus 'Sometimes Kabhi Kabhi' came to my mind...

Sometimes kabhi kabhi
Life main apni sunlo na yaar,
Zindagi mushkil hai,
But, at once, easy to bana lo na yaar...

"If, else, but" ke loop main,
Na jaane kitne faisle ruk se gaye,
Ek baar apne dil ki sunke,
Us ek sapne ko lock kar do na aaj...

Raasta won't be easy,
But ek baar hi sahi,
Dil se smile karenge,

"And yes"
Is chotti si life main,
Shayad kuch crazy sa,
"But acha"
"And"
Apne jaisa kuch kar lenge...

Umeed bahut nahi,
Bas is baat ka "sukoon" shayad hoga,
Ek baar hi sahi,
Is rat race se alag humne kuch kiya,
"Because,"
Khud ke liye jeena bhi,
Kabhi kabhi zaruri hai,
Aaj humne bhi is duniya mein rehke
seekh liya…

7.Tum Intezaar Karna...

At times, giving mental support to someone is important, and just telling them we will be there when you want makes it special and necessary...

Tum intezaar karna, main aungi,
Roz ka pata nahi,
Par un khaas lamho main,
Rehna hai saath tumhare,
Jahan tumhe chahiye hoga wo saath,
Aur jab tum karna chahoge kuch baat,
Bin bole samjhna chahti hoon tumhe.
Kabhi mauka dena mujhe,
Shayad niraash nahi karungi tumhe,
Is zindagi main jahan roz hum bhagna chahte
hai,
Mujhe theharna hai tumhare saath,
Aur samjhne hai zindagi ke kuch ansuljhe raaz...

8.Maukaa

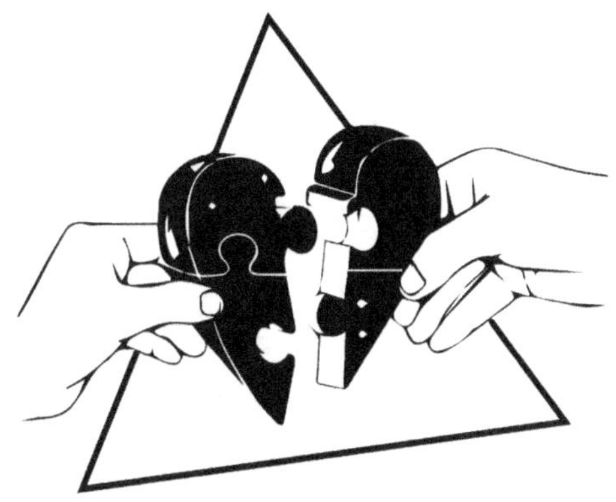

Giving a chance to the relationship when you understand silence can't always help, and thus, giving a pause sometimes may help...

Rishton ki dhoop chaon main,
Na jaane ye kaisi paheli hai,
Jahan kabhi saath rehta tha,
Aaj khamoshi ki kuka chupi hai...

Muskurahat to hai magar,
Andar daba sa gum bhi hai,
Baatein to karte hai magar,
Ankhon main pyaar ki kami hai...

Zindagi ki daud bhaag main,

Shayad ek dusre ko samajhne ki kami hai,
Chalo rishton ko de aur ek mauka, Kyunki
dooriyan mitana bhi to zaruri hai...

9.Ek Rishta

We often hear opposites attract, how, why we
hardly know or we care to know as at the end a
new story started and that inspired me to write
this small work of mine...

Bin sune, bin kahe,
Ek rishta bana,
Na thi koi chaah,
Na thi kuch umeed,
Bas tha apna pan,
Aur shayad tha pyaar.

Soch thi alag,
The wo dono bilkul juda,
Aur saath thi thodi jhijhak,
Na jaane kaise,
Ankahe ek rishta bana.

Ajeeb to tha,
Par tha pyaar bhi,
Shayad ek rishtey ki shuraat thi,
Aur ek naye kal ka agaaz bhi...

10.Suni an Suni

Suni ansuni is the tale which many of us face in life, the tale of unsaid love…

Kuch baatein suni, kuch ansuni;
Kuch ishare samjhe humne;
Kuch ittefaq bane aise;
Jo ek sundar fasane bane…

Kuch kaha na humne aapse,
Bas kuch ishare diye;
Baat to bas itni si thi;
Par aap hi kisse bhula baithe...
Kuch to us waqt ka takaza tha,
Bina bole hi kuch samjhana tha;
Kaash aaj aap hote sath,
Baaton aur kisson ke alawa aaj…

11.Pyaar ka Gullak...

The piggy bank which we all hold in the course
of life and thus are the next few paragraphs that
define the state...

Jo ek pyaar ka gullak tumne,
Kabhi mujhe diya tha;
Yaadon ke chavani athani,
Aaj bhi takra jaate hai,
Dil ke kisi kone mein,
Tumhari yaadon ke saath…

Sach ye log kehte hai,
Waqt kisi ke liye theharta nahi,
Tumhari yaadein bhi saalon ke saath,
Kuch kharch hote hote,
Gullak main un chavni athaniyon,
Jaise ban gayi hai,
Jinka shayad bazaar main mol nahi,
Fir bhi mere liye hai woh anmol....

Kayi baar sochti hoon,
Us pyaar ki gullak ko,
Dimag ke bazaar mein bech aaoon,
"Wahan dil naam ka kharidaar nahi hota!"
Fir sochti hoon,
Padha rehne doon ise dil ke paas;
Kyunki shayad tumhari yaadon ki
Un athaniyon ne,
Mujhe kabhi pyaar karna sikhaya tha
aur shayad bina unke main bhi kuch adhuri
hoon...

12.Sur-Taal

Falling in love is always special, and to express
it in one's terms come the next few lines…

Shayad the tere sur alag,
Shayad thi meri taal alag,
Tha dono ko jeene ka dhang alag,
Na jaane kaise mil gaye hum do,
Aur kuch naye andaaz main,
Dhoonda humne apna ek sur..

Us naye sur ko,
Pyaar kahoon yaa ek naya raag?
Ye main janu na..
Haan jaano bas,
"Hai ye ek naya ehsaas,"
Jiski ibadat karna lagta hai aaj acha, kyunki iske
sur hai sacche,
Aur humara pyaar hai pakka...

13.Duniyadari

Sometimes, in the course of life, we meet few
known faces but we try to ignore them and thus
learn, 'Yes, we are now grown up.'

Jaani pehchani galiyan anjani hui,
Jab ek mod pe ruke hum achanak;
Dekh ke bhi andekha kiya jab unko,
Samajh gaye samajdar ban gaye hum…

Duniya ne sikhayi aisi duniya daari,
Muskurana bhool gaye hum,
Kabhi abhiman ne jo duriya banayi,
Muskurahat se kya mita payenge hum???

14.Sapna

It is told having a dream is important because:

Adha ponaa hi sahi,
Rehna bahut hai zaroori,
Sapno ke bina,
Jeena hai bas majburi...
Zindagi roz jeena sikhati hai,
Bas wo sapne,
Unme thodi jaan dalte hai,
Warna kayi baar sab kuch paake bhi,
Hum jeena bhool jaate hai,
Kyunki bhagte bhagte,
Kayi shaam dhal to jaati hai,
Par zindagi jeene ki,
Chotti si ek kasak baki reh jaati hai…

15.Shuruaat

One of my favorite works, where I tried to describe a situation when two people after a failed relationship try to start a new innings where they know it won't be easy as they are still recovering...

Ek main aur ek tu,
Chal na ek nayi shuruaat aaj karle hum,
Aasan nahi hoga,
Hai dono ko pata,
Shayad wo purane rishton ke ghaw
Nahi hai aaj bhi bhare,
Par chal na ek nayi shuruaat karle hum,

Kyunki hum dono ko zindagi ne di,
Fir se ek baar hasne ki wajah,
Aur pyaar karne ka hakk…

16.Pabandiyan

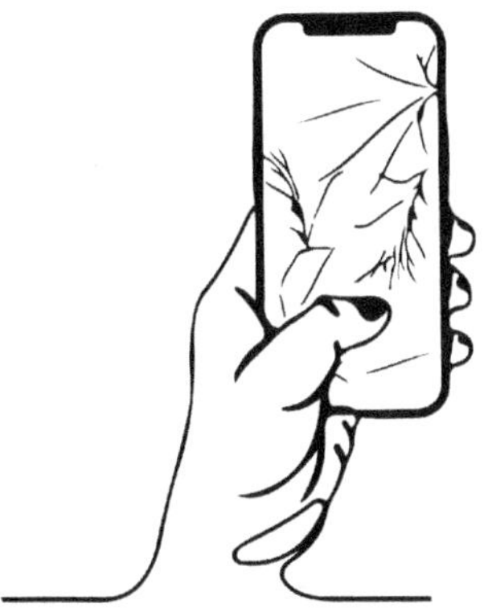

With Gadgets and technology taking the front
space, we still face a type of restriction as the
emotional connection is fading somewhere...

Baatein to pehle hua karti thi,
Ab to bas padhte hai,
Ankhon se ankhon ko nahi,
Bas hum aaj shabdon ko padhkar,
Ek dusre ko samajh lete hai...

Kehte hai log ise naya zamana,
Par hum kabhi ise ek pabandi sochte hai,
Kaise bina mile kisi se,
Chand shabdon main,
Ek dusre ka haal jaan lete hain?

17.Adhe Adhure

When two people are apart from each other but
still there is a strong bond and still longing to be
together...

Aadhe adhure kuch kadiyan jodna chahte hai,
Ek nayi kahani likhna chahte hai,
Un sapno ko bas hum sab jeena chahte hai..

Yaadein kuch halki hui,
Par woh lamhe aaj bhi yaad aate hai;
Dur bhale hi ho wo ek dusre se,
Par nazdikiyan aaj bhi mehsoos hoti hai...

Ye dooriyan bhi sach ajeeb hoti hai,
Na milke bhi sab kuch bol deti hai,

Aaj hawa ne halke se un dono ko chua aur kaha,
"Hum bhi hai wahan adhure, kyu ki na ho paye
tum poore..."

18.Kamyabi

We all run for success but do we achieve it or do
we desire something more than that???

Tujhe jab paya,
aaye bahut log saath mere,
Jab choda tune mera saath,
Kayi logon ke mukhote khul gaye...

Tujhe kho kar sikha maine,
Tere peeche bhaag ke na jee payenge zindagi,
Tu hai ek pehlu is zindagi ka,
Aur kehte hai hum "kamyabi" tujhe...

Ek waqt samjha maine,
"Tere se nahi hai zindagi,
Aur tere bina bhi adhuri hai ye zindagi"

Ab sab kuch kho kar bhi,
tujhe paane ki fitrat nahi hai meri,

Bas tujhe har chotte palon mein mehsoos kar
paoon,
Aur thoda khul ke hanske jee paoon,
"Hai bas ek chotti si khwahish meri"

19.Khamoshi

When there is love but the missing part is commitment, then comes Khamoshi in the relationship...

Shayad kuch nahi,
Fir bhi bahut kuch hai,
Yeh rishton ki ajeeb Kashmakash main,
Hum sab bas khamosh hai ...

Waade nibhate nahi,
Bas roz toot jaate hai,
Rishtey kyun na jaane aajkal,
Kuch khamosh hai...

Haath thamne se na jane,
Kaisa yeh darr sabko hai,
Pyaar to karna hai,
Bas saath nibhane se,
Na jane kyun aajkal logon ko dar lagta hai…

20.Kasak

At times, two people are together but still apart,
and the pain says it all...

Kuch rishton ki kasak nazdikiyaan hai,
Paas hote hue bhi jaane ye kaisi dooriyan hai?

Har choti baat jaane woh ek dusre ki,
Fir bhi jaane kyun milne se darte aaj,
Faasle to nahi par in rishton main kaisi dooriyan
hai??
Shayad kuch rishton ki kasak nazdikiyaan hai...

Theharte hai aaj bhi roz us chaurahe par,
Jahan mile the pehli baar hum;

Sawal hai bahut, jaane kyun jawab bas dooriyan
hai,
Kyunki kuch rishton ki kasak nazdikiyaan hai...

21.Abhimaan

The most critical part of a relationship is ego and if it can be kept aside, things can be sorted and thus,

Abhiman ko behne do,
Shabdon se nahi,
Kabhi aansuon ke sahare,
Moti bankar use beh jaane do,
Aur rishton mein faaslon ko na aane do...

Shabdon ka kataksh baan na chalao,
Unhe samajhkar zara chup ho jao aaj,
Khud ke abhimaan ko ek tarfa rehne do,
Rishton main abhiman ko na aane do...

Jeet haar rishton ki nahi,
Bas hai ek dusre ke abhimaan ki;
Ye sochkar aaj chup ho jao,
Aur sab rishton mein kuch badlav aane do...

22.Dhaage

Sometimes in life, we need to just free the person we love as sometimes freeing them can resolve the complications of a relationship...

Ulajhte huye dhaagon se hai ye rishtey, suljha ke bhi na suljhenge;
Hum tum hai bas un dhago ke chhor, kuch dheel se shayad rishtey sulajh jayenge...

Baandh ke to sabko rishton main dekha, dheel deke aaj zara hum dekhe;
Jinko wapas aana hai,
Rishton ki uljhan ko suljha ke zarur ayenge...

23.Haar Jeet

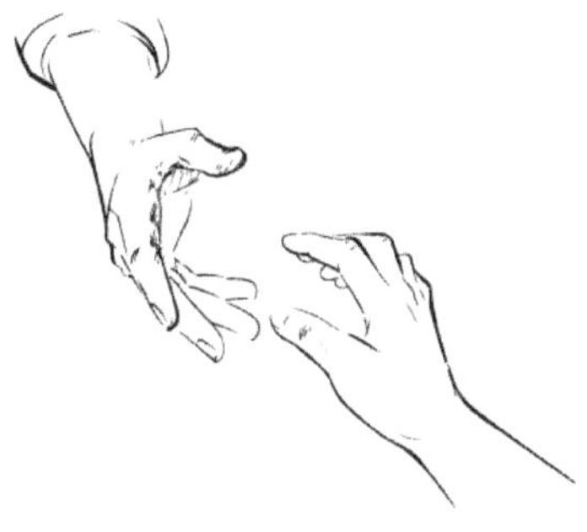

A 3 letter word Ego when enters the 4 letter
word Love, things turn up and down and
sometimes
they are never healed...

Dhoop chhaon ke is khel mein,
Na jeete tum, naa haare hum;
Dooriyan bas jeet gayi,
Aur faasle the jo badhte gaye…

Haar ke bhi naa haare tum,
Jeet ke bhi naa jeete hum;
Pyaar jo tha kabhi,
Aaj ek ehsaas banke reh gaya…

Abhimaan tha bas,
Jo diwar banata gaya;
Samjha humne aaj jab ye,

Ek arsa beet gaya....

24.Ehsaas

It's the feelings that define love and thus, when
they speak, words are no more important...

Ehsaas jab huye haavi baaton pe,
Man se nikla woh naam;
Khayalon main to the hi tum,
Aaj mila us khayaal ko naya aayam..

Is paheli ko samjhte hue hum aaj hairaan,
Sath to tha tumhara shayad aaj mila
Use ek naam,
Pyaar kaho ya ise dosti,
Shayad hai har rishton pe wo kuch haavi...

25. Takraar

When the constant fight between heart and brain affects relations, then it's better to take pause and understand the importance and prioritize the emotions...

Choti choti baatein aaj lagti hai badi,
Wo jo baatein kabhi lagti thi choti,
Zindagi ka ye kaisa ajeeb mod hai,
Jahan har baat pe ek takrar hai…

Rishton ki uljhano main jaane kyun,
Aaj har baat chubhti hai,
Jahaan dil to kehta hai chup rehne,
Wahin dimag kehta hai kuch bolne...

Ye jeet apne ahankar ki hai,
Ya hai haar un anmol rishton ki?

Har baat par dil aur dimag ki ek aisi jung chidi
Jahan 'HAAR' hai bas APNE RISHTON ki...

26.Khwahish

In the world of desires when you achieve many
things but a question suddenly pops up in
your mind describing the real chaos

Hazaron khwahishen aisi ki jeena
bhool gaye hum,
Unchi imaraton pe pahuch gaye
Par choti khushiyon pe hasna bhool
gaye hum…

Niche ki duniya aaj choti dikhe,
Janke khush huye hum;
Jab andar khud ko tatola,
Jana aaj "kahin khwahishon ki
Bhid mein kho gaye hum."

27.Manzil

When you just loved the person but you know
that the person was not meant for you,you say—

Tumhe mehsoos karne ko ijaazat nahi lagti,
Naa tumse pyaar karne se mujhe lagta hai dar,
Jo ehsaas hai, wo hai, aur rahenge, tumhare liye,
Tum shayad nahi rahoge tab mere paas...

Hai agar "zindagi" ek safar,
To badalte musafiron ke bheed main,
Takraungi tumse kisi "naye mod" pe,
Jahan janungi the tum bas "ehsaas",
Par meri manzil thi "ek sacha Pyaar"...

28.Dooriyan

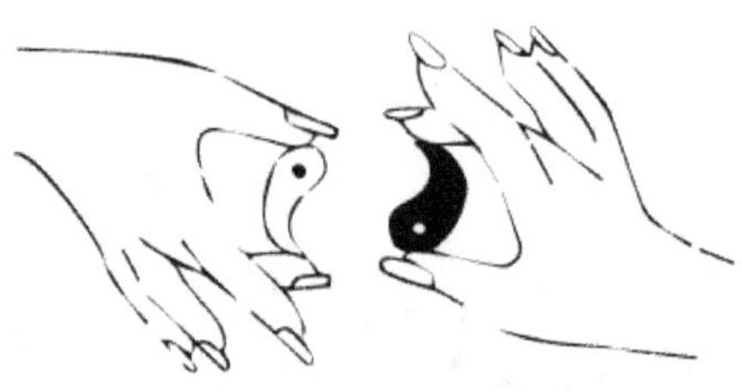

When at times, you understand that the mutual difference is at par and can't be solved, may be the time is to take a pause...

Ranjeeshe hai bahut,
Dooriyan kyun nahi?
Ye rishton ki kaisi majbooriyan,
Jo humne samjhi…

Shikwon ka karwan,
Ruk ke bhi na ruke,
Sath ab bas rehna nahi,
Thaan liya humne abhi...

Pyaar ke naam pe,
Jab rishte hai chubhte,
Dooriyan hi sahi,
Chalo hum aaj chun le...

29.Zindagi Series

In the worst phase of my life, while fighting some illness I understood the importance of life and thus I wrote a series about life or zindagi series shayari, which was loved by many and also boosted people in their bad times...

1.
Kal se sikh ke,
mujhe aaj main jeena hai,
Aane wale kal ki khabar nahi,
Mujhe bas is pal main hasna hai,
Kuch aisa sikha mujhe
"Aye Zindagi",
Mujhe bas tujhe khul ke jina hai...

2.
Tere diye har dard ko
Mujhe muskaan main badalna hai, tujhse mili
har seekh se,
Gam ko maat Deni hai,
"Aye Zindagi"
Teri bichayi is shatranj ki chal main mujhe jitna
hai...

3.
Tedhe medhe raston se chalati hai tu,
Kabhi sochna sikhati hai tu,
Kabhi khul kar jeena sikhati hai tu,
Aye Zindagi!
Mujhe har pal jeena
sikhati hai tu...

4.
Tanhaiyon mein jab aaj huye zindagi se rubaru,
Samjha maine zindagi meri judwa;
Jaise bina ayene ke na dikhta mujhe apna
chehra,
Waise hi bina gum ke na samjh aata khushi ka
ehsaas....

5.
Shikayat karte karte kab jeena bhule,
Samajh na paaye hum;
Sab paake bhi "AYE ZINDAGI!,
Tujhe shukriya bolna bhool baithe hum...

30.Chah...

To end the whole conversation with life, the last
one...

Dhundhli si ye zameen,
Dhundla sa ye asmaan,
In dono ke beech,
Dhoondh rahe hum apna jahan...

Kabhi thoda pyaar,
Kabhi thodi takrar,
Aur inke beech main,
Shayad sab dhoond rahe hai thodi muskaan...